ein Ullstein Buch

Für be-sinnliche
Stunden
von Herzen
Lotte u. Georg
Juni 74

Vom gleichen Autor
in der Reihe der
Ullstein Bücher:

Unschuldig verurteilt (344)
Weltgeschichte – höchst privat (362)
Die Arche Mostar,
von ihm selbst gezimmert (416)
Nehmen Sie das Urteil an? (457)
Liebe vor Gericht (500)
Das Wein- und Venusbuch vom Rhein (519)
Aberglaube für Verliebte (532)
Und schenke uns allen
ein fröhliches Herz (2640/2641)
In diesem Sinn Dein Onkel Franz (2745)
In diesem Sinn die Großmama (2800)

Herrmann Mostar

*

In diesem Sinn Ihr Knigge II

Der gute Ton in allen Liebeslagen

*

Mit vielen Bildern von Helen Brun

*

ein Ullstein Buch

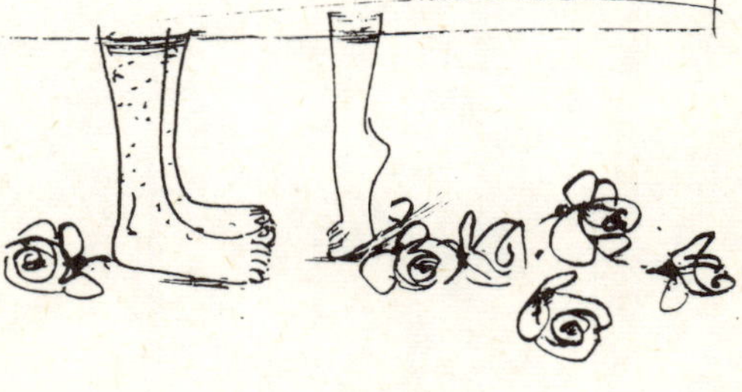

Ullstein Buch Nr. 2847
im Verlag Ullstein GmbH,
Frankfurt/M – Berlin – Wien

Ungekürzte Ausgabe

Umschlagentwurf: Helen Brun

Mit Genehmigung der
Henry Goverts Verlag GmbH, Stuttgart

Printed in Germany 1971
Gesamtherstellung:
Augsburger Druck- und
Verlagshaus GmbH
ISBN 3 548 02847 0

In diesem Sinn
Ihr Knigge II

Geneigter Leser,

sein wir ehrlich:
Ein Anstandsbuch scheint heut entbehrlich,
Da man im Amt wie im Betriebe,
In Politik, Kultur und Liebe
Teils zeitgehetzt, teils zweckbestimmt
Von jedem Anstand Abstand nimmt.

Wo ist er hin, der Mann von Welt,
Der noch mit Anstand Abstand hält,
Der mit Erbleichen und Erröten
Ein Mädchen anspricht wie bei Goethen:
»Mein schönes Fräulein, darf ich's wagen,
Arm und Geleit Euch anzutragen?«
Wo ist die Maid, die frank und frei
Erklärt, daß sie kein Fräulein sei,
Und sorgt, daß nichts sich überstürzt?
Heut wird die Szene stark gekürzt:
»Mein Fräulein, darf ich?« — »Bitte sehr —
Man bloß, was tun wir hinterher . . .?«

Kurzum, der Mensch, man sieht es stündlich,
Ward unanständig, und das gründlich,

Ja, mancher sonst ganz liebe Christ
Weiß nicht mal mehr, was Anstand ist.
Und nur der Waidmann, sonst nicht eben
Der feinern Ausdrucksart ergeben,
Pflegt ihn noch heute und mit Lust
Und definiert ihn fachbewußt:
Wenn nämlich einer heimlich-still
Die Beute, die er haben will,
Belauscht, beäugt, beschleicht, beriecht
Und schließlich in die Stellung kriegt,
Wo sie dem ersten Schuß erliegt,
Und all das so, daß nichts sie warnte —
Dann war's der Anstand, der ihn tarnte.
Zwar dieser Anstand liegt im Baum,
Der unsre mehr im Seelenraum,

Doch die Erläutrung stimmt bestimmt,
Auch wenn man sie nicht jagdlich nimmt:
Stets geht's der Beute an den Leib,
Ob Reh, ob Has, ob Hirsch, ob Weib.

So wär der Anstand nur Umgarnung,
Nur äußerst komplizierte Tarnung
Für Dinge, die wir auch erreichen,
Wenn wir sie nicht so lang umschleichen?
Gewiß. Jedoch der Anstand gilt
Nur für die Jagd auf Edelwild.
Gelüstet's dich nach leichten Siegen,
So jage nur, was leicht zu kriegen,
Das läuft nicht fort, das nimmt nichts krumm,
Legst du drauf an, schon legst du's um;
Doch triffst du, wenn dir das gelingt,
Nur Hausgetier, auf Wild geschminkt:
Geschöpfe, die so schnell erliegen,
Sind Lämmer, Ferkel oder Ziegen.

Pflegt drum der Mensch im Liebesleben
Sich unanständig dumm zu geben,
So lehrt dies Buch, wie er das gleiche
Mit Anstand — und noch mehr erreiche.
Zudem beweist's ihm durch Berichte
Aus der gesamten Weltgeschichte
Von den Phöniziern bis heute,
Was Anstand war und noch bedeute,
Denn wird auch heut die Sitten**predigt**
Kaum noch gedruckt und scheint erledigt —
Im stillen Eck, doch wohlgelitten
Steht die *Historie* der Sitten.

Und sollte etwa einer sagen,
Es sei in unsern bösen Tagen
Von dem, was wir so Liebe nennen,
Das Unanständige nicht zu trennen —
Auch Unanständiges tut gut,

Sofern man es mit Anstand tut.
So denke ich. Ich bin so frei.
In diesem Sinn

Ihr Knigge II

Geneigter Freund,

die Kunst, zu buhlen,
Erlernt man nicht auf unsern Schulen,
Obwohl es doch kein Lehrfach gibt,
Das so verbreitet und beliebt —
Sogar das Schreiben und das Lesen
Sind nie so populär gewesen.
Doch wer dem schöneren Geschlechte
Den Meister zeigen soll und möchte,
Ihn läßt man, aller Technik bloß,
Als Lehrling auf die Liebe los,
Unfähig, Damen zu erfassen,
Die sich von ihm versuchen lassen,
Unkundig selbst der Anfangsgründe,
Die nötig zum Vollzug der Sünde —
Meist macht er nur mit sehr viel Glück
Nach Jahren sein Gesellenstück.
Hingegen der geschickte Mann
Versucht nur das, was er auch kann,
Und sucht sich sein Versuchsobjekt
Nur dort, wo es auch wirklich steckt.

Da war's doch, wie nicht zu bestreiten,
Weit besser in den alten Zeiten!

Damals bedurfte keiner Beichte
Die Liebe, speziell die leichte,
Und keines sittlichen Erbarmens
Die schöne Kunst des Sichumarmens —
Im Gegenteil! Die Götter liebten
Die Herren, die da Liebe übten,
Drum war es frommer Damen Streben,
Besagter Übung nachzuleben.

Dicht bei Karthago zum Exempel
Geschah dies im Melittatempel.
Der Seemann sah (und sah es gerne!)
Des Tempels Leuchtturm schon von ferne,
Und nie hat dieses Licht gebrochen,
Was es dem Wandersmann versprochen:
Er trat in diesen Fichtenhain
Ganz ohne frommen Schauder ein,
Er sah mit lustgeschärftem Blicke
Ins Dunkel führen hundert Stricke,
Er ließ an einer von den Schnüren
Sich in die heiligen Büsche führen,

MELITTA

Er fiel an jedes Schnürchens Ende
In zarte, doch geschickte Hände,
Die Nacht war lau, die Taxe billig,
Die Göttin mild, das Mädchen willig —
Kurz, war man erst durch's Tempeltürchen,
Ging alles Weitre wie am Schnürchen!
Man fühlte sich, fern von Problemen,
Nicht nur bei einem angenehmen,
Nein, auch bei einem frommen Werke,
Und dies Gefühl gibt Männern Stärke;
Was man hier tat, war gottgeweiht
Und stand im Schutz der Geistlichkeit.
(PS. Von heutgen Theologen
Wird es nur ehelich vollzogen
Und nur, wofern sie unter Türken,
Als Rabbi oder Pastor wirken,
Denn einem richtigen Hochwürden
Ist sowas gar nicht aufzubürden.
So zeigt sich heutgen Tags der Klerus
Weit sittlicher als bei Homerus,
Und nur die alten Heidenpriester,
Das waren Biester!)

Jedoch der Zulauf, den sie hatten,
Stellt alles Heutge in den Schatten.
Zwar kann, wer keusch bleibt, ruhig sterben,
Doch will man für die Keuschheit *werben,*
So ist die Wirkung äußerst mager —
Und das begriffen die Karthager.
Und durfte auch in diesen Hain
Kein männlicher Karthager rein
(Er konnte unterwegs auf Reisen
In andern Hainen sich beweisen),
So ward die Kundschaft doch nicht knapp,
Der Fremdenstrom riß niemals ab,
Devisen waren stets vorhanden,
Und in Melittas Tempel wanden
Europa, Afrika und Asien
Sich in Ekstasen, ja, Ekstasien.
Denn was Karthagos Herrn verwehrt,
War bei den Damen umgekehrt:
Hier durfte keine Fremde minnen —
Hier durften nur Karthagerinnen!
Was heißt: sie durften? Nein: sie mußten!
Wie tüchtige Chronisten wußten

Und wie selbst Herodot berichtet,
Hat man sie einfach dienstverpflichtet:
Sobald sie nämlich mannbar waren,
Indessen sonst noch unerfahren,
Begann die Tempelminnepflicht
Als quasi Glaubensunterricht,
Wobei sie auf der Göttin Spuren
Das Nötige und mehr erfuhren,
Zumal weil just der künftige Gatte
Das dringlichste Interesse hatte,
Denn ohne Liebesdienstpflichtjahr
Kam keine an den Traualtar.
Man sieht, die Bräuche waren strenge,
Doch reizvoll für die große Menge:
Zwar kam für's Recht der ersten Nacht
Der Gatte selbst nicht in Betracht,
Indessen fand er, hierin ehrlich,
Dergleichen schwierig und beschwerlich,
Er schätzte nicht, was allzu neu,
Und war in dem Punkt arbeitsscheu:
Die prima nox, das ist die Crux,

Ist zwar ein jus, doch meist kein Jux.
Und geht's im Ehebett schon glatt,
Wenn *einer* die Erfahrung hat —
Zur Offenbarung wird die Paarung
Bei beiderseitiger Erfahrung!
Hinzukommt, daß es beide Gatten
Bisher ja nur mit Fremden hatten,
Und zwar mit fremden Herrn die einen,
Die anderen in fremden Hainen —
Der Mann, als Mann nach Ferne süchtig,
Erweist sich meist auf Reisen tüchtig,
Das Weib, voll schlichtem Heimatsinn,
Gibt sich auch gern zu Hause hin,
Falls nämlich der, bei dem sie lernt,
Sich nachher möglichst weit entfernt —
Dem Gatten sind zehn Fremde lieber
Als ein Herr Schmidt von gegenüber.
Man soll nicht, Nietzsche hat's geschrieben,
Den Nächsten, nein, den Fernsten lieben!
Und schließlich: wie war dies System
In puncto Mitgift angenehm!

Im Tempel zahlte pro Genuß
Der Fremde einen Obolus,
Nun, und je häufiger die Genüsse,
Je häufiger die Obolüsse.
Brautväter konnten ruhig schlafen
Dank ihren Töchtern, ihren braven;
Die taten eisern ihre Pflicht,
Ein Jahr, wenn hübsch, vier Jahr, wenn nicht,
Und traten in die Ehewelt
Mit durchaus selbstverdientem Geld.
Ja, eine, die im Tempeljahr
Die fleißigste und beste war,
Ward auch, das wußte man genau,
Die fleißigste und beste Frau!
(Doch gab es Damen höchster Kreise,
Die hielten es wie beispielsweise
Die Tochter des Ägypterkönigs,
Und die hielt von der Ehe eh nix;
Sie war so fromm und drum so lieb,
Daß sie gleich ganz im Tempel blieb;
Sie nahm kein Geld, weil Königstochter,

Doch machte sie's noch ausgekochter
Und forderte pro Mal und Knabe
Je einen Stein als Liebesgabe,
Daß sie ein Denkmal sich errichte
Aus dem, was sie zusammenkriegte —
Sie baute, eh sie sanft verschieden,
Die mittlere der Pyramiden.)
Was lehrt dies alles, hör ich fragen,
Für unsre heutgen Liebeslagen?
Heut haben sich die Theologen
Vom Liebeswerk zurückgezogen
Und finden's, weil sie meistens ältlich,
Selbst unentgeltlich viel zu weltlich;
Die Tempelhaine sind geschlossen,
Die Liebe wird profan genossen,
Melitta taucht im Tageslauf
Nur noch als Kaffeefilter auf
Und frönte doch einst so beflissen
Den ungefilterten Genüssen!
Und wer's als Jüngling wagt, zu schmusen
Am nackten Busen leichter Musen,

Kriegt das Consilium abeundi —
Naja. Sic transit gloria mundi.

Doch ward die Göttin auch vertrieben,
Ihr Segen ist uns doch geblieben.
Denn immer, wenn ein junges Blut
In eines Jungen Armen ruht,
Zum allerersten Mal im Leben
Angstvoll bereit, sich zu ergeben,
Und ob sie kess und sehr frivol tut,
Und ob sie's unter Alkohol tut,
Und ob es dunkel oder hell ist,
Im Walde oder im Hotel ist —
Setzt das gewisse Schweigen ein,
So ist sie in Melittas Hain,
Und rauscht ihr Blut, rauscht etwas mit:
Im Tempellaub Melittas Schritt,
Und flüstert sie ihr erstes »Komm!« —
Der Knabe spürt: sie flüstert's fromm.
Sie ist Melittas Priesterin:
Sie ist von Sinnen und voll Sinn.

Gesetzt, geneigter Freund und Christ,
Daß du einst jener Knabe bist,
Dann sollst du jetzt beschworen sein:
Benimm dich wie im heilgen Hain.
Heut ist dein Hannchen oder Kätchen
In deinem Tempel Tempelmädchen,
Und Tempelmädchen sind zerbrechlich.
Darum sei zart. Zart ist nicht schwächlich.
Sei zart beim Tun und zart beim Spielen,
Sonst zählt sie morgen zu den vielen,
Die unter ihrem ersten Knaben
Viel Knaben lang zu leiden haben.
Nur was du willst, daß sie dir tu,
Das füg ihr zu.

Glück auf! Melitta steh' dir bei!
In diesem Sinn

Dein Knigge II

Verehrter Freund,

die Konfessionen
Samt Rabbis, Priestern, Diakonen,
Sie haben halt in unsrer Zeit
Nichts übrig für die Sinnlichkeit
Und weigern sich korrekt und finster,
Kapellen, Kirchen, Klöster, Münster
Samt Synagogen oder Tempeln
Als Liebeshaine abzustempeln;
Hier sind, welch seltene Erscheinung,
Sogar die Kirchen einer Meinung.
Nur auf des Kirchhofs stillen Wegen
Kann man der Liebe heimlich pflegen,
Und wenigstens der Hain für Tote
Kriegt so die höchst lebendige Note,
Was man jedoch nicht ganz genießt,
Weil man auch ihn am Abend schließt.
So fragst du denn zum zweiten Mal:
Wer liefert mir das Weib nach Wahl?
Die Kirche sorgt für's Innenleben —
Doch wer sorgt für mein Sinnenleben?

Warum weiß nicht der Vater Staat
In Sinneslebensfragen Rat?
Er gibt mir, denn er hält's vonnöten,
Gelegenheit zum Menschen*töten*,

Warum nicht auch, trotz Mord und Waffen,
Gelegenheit zum Menschen*schaffen*?
Man finanziert die Jagd der Düsen
Und ignoriert die Macht der Drüsen,
Bis ich, gedrängt von Sinnenreife,
Am Weib des Nächsten mich vergreife!
Nun, du fragst richtig. Drum beachte,
Wie's einst der weise Solon machte.
Der hat so lange zugesehn,
Wie man alltäglich zu Athen
Ein Dutzend Ehebrecher fing,
Bis ihm das auf die Nerven ging:
Man hatte nämlich dortzuland
Stets schwarze Rettiche zur Hand
Und trieb sie als solide Keile
Den Ärmsten in die Hinterteile,
Was sie aus Schmerz wie aus Empörung,
Indem sie doch die Ehestörung
Nicht mal mit diesem Teil vollführten,
Durch schreckliches Geschrei quittierten.
Nun, Solon, wegen seiner Nerven,

Beschloß, den Rettich zu entschärfen.
Zwar war auch jetzt, es blieb dabei,
Des andern Weib nicht vogelfrei,
Doch er diktierte dies dem Schreiber:
»Athener Männer wie auch Weiber
Ausrufungszeichen
Um bessre Sitten zu erreichen
Beistrich
Verbiet ich den Athener Freistrich
Und gründe hiermit in Person
Das staatliche Dikterion
Klammer
Es werden dort bei freier Kammer
Der Liebe kundige Damen wohnen
Mit Staatsbeamtinnenfunktionen
Und Recht auf Alterspensionen
Klammer geschlossen
Als Kundschaft sind die Volksgenossen
Ganz ohne Unterschied der Klassen
Bei gleichen Preisen zugelassen
Vom Chef des Staats bis zum Adjunkt

Punkt
Ständig geöffnet Semikolon
Auch sonntags Punkt Der weise Solon«
Wie klang das feierlich und innig:
Dikterion! Es mahnte sinnig
An Kretas schöne Fürstin Dikte,
Die sich erotisch sehr beglückte,
Indem sie nackt und bleich, jedoch
Beherzt in eine Holzkuh kroch
Und so den Stieren, die sie schätzte,
Entgegenkam bis auf das Letzte,
Was man ihr später sehr verdachte,
Obwohl es sie unsterblich machte;
Der Weise aber sagt sich heiter:
Sie war halt stierlieb — und was weiter?
In jedem Fall: für Solons Gründung
Bot sie die beste Namensfindung.

Oh, daß sie ewig grünen bliebe,
Die schöne Zeit der Staatsbetriebe!
Ich grüße dich, du Mädchenschar,

Wo jede Staatsbeamtin war
Und dennoch selbst bei Hochbetrieb
Zum Publikum stets höflich blieb!
Und stand man manchmal noch so lange
Und spät vor ihrer Kammer Schlange,
Ob Reicher, Armer, Junger, Alter,
Die Staatsbeamtin blieb am Schalter,
Mit jedem hatte sie Kontakt,
Sie kannte gründlich jeden Akt,
Weshalb es jeden froh erregte,
Wenn sie ihn zu den Akten legte.
Der Staat, in seinem Hang zur Norm,
Verlieh ihr eine Uniform;
Es sollten sich die Staatsdienstmaiden
Von den Zivilen unterscheiden,
Damit man's gleich von außen sehe:
Die tut's im Amt, die in der Ehe.
Man ward, geschmacklich unbeschwert,
Fast deutlicher als wünschenswert:
Denn waren bei den Ehefrauen
Nur die Gesichter frei zu schauen,

Die Brüste immerhin bedeckt,
Die Schenkel aber dicht versteckt,
So waren beim Dikterionweibchen
Verhüllt Gesicht und Oberleibchen
Hingegen unterhalb der Hüften
War alles frei und konnte lüften.
So sah man zweifellos und flink,
Um was es im Dikterion ging.
Die Mode wirkte kaum erhebend,
Doch auf das Straßenbild belebend
Und würde in den Stadtbezirken
Von heute noch genauso wirken,
Doch heutgentags sind solche Sachen
Mit Staatsbeamten nicht zu machen.

Und doch schuf Solon diese Mode
Als reine Anstandslehrmethode,
Die gilt auch noch in unsern Tagen,
Und kurzum, Solon wollte sagen:
Gehst du in die Dikterien,
Dann gib der Seele Ferien.

Die Damen, die dich dort umgirrn,
Verkaufen nicht ihr Herz und Hirn.
Versuche nicht, ihr Herz zu brechen
Und ihre Seele anzusprechen,
Und hüte dich, vor ihren Ohren
Im eignen Seelengrund zu bohren —
Denn hat der Körper seine Chance,
Dann spare deine Sentiments!
Doch ach, du weißt, die Stunde naht
Teils vor, teils bei, teils nach der Tat,
Da zeigst du, als treudeutscher Sünder,
Die Bilder deiner blonden Kinder,
Du zeigst das Bildnis deines Weibes,
Auch falls es etwas üppigen Leibes,
Es ist so häuslich und so gut,
Und daß man trotzdem *sowas* tut,
Das zeigt, wie sehr man doch verrucht ist —
Ein Hochgefühl, das sehr gesucht ist.
Du fragst das Mädchen dann, ganz zart,
Wieso denn sie »so eine« ward,
Du lauschst ihr feuchten Augs und froh,

Denn Gott sei Dank, du bist nicht so,
Du schicktest nur dein Weib und dich
Soeben seelisch auf den Strich.
Geneigter Freund, bezähme dich,
Und Solons Beispiel lähme dich:
Wie er's im Staatsbetrieb gehalten,
So halt du's in Privatanstalten!
Man zahlt hier, des sei dir bewußt,
Nur für den Raum von Knie bis Brust —
Für Liebeslust plus Seelenqualen
Muß man bedeutend mehr bezahlen.
Von Damen, die mit Seele lieben,
Ward mancher zum Ruin getrieben:
Gab's etwa am Athener Hafen
Für jeden Seemann was zum Schlafen,
So gab es etliche Sirenen,
Die taten's nur mit Kapitänen,
Und zwei davon, das wußte jeder,
Die trieben es nur mit dem Reeder;
Und weil nach ein paar Jährchen Spaß
Der Reeder auf dem Trocknen saß,

Wie das so geht, wenn man verliebt is,
Hieß man sie »Scylla und Charybdis«:
Sie hatten, wie's Homer gesungen,
Den Schiffer samt dem Kahn verschlungen.
Drum soll man nie zuviel riskieren
Und Damen maßvoll soutenieren,
Denn eine Maid, die nicht gut haushält,
Hält man nur aus, solang man's aushält!

Dagegen war ein Schwesternpaar,
Das auf Sizilien tätig war,
Moralisch ebenso verderblich,
Doch dafür künstlerisch unsterblich.
Auch ihre Gunst war nicht umsunst,
Doch gaben sie aus Hang zur Kunst
Als Schwestern, die zur Eintracht neigen,
Sich auch dem gleichen Mann zu eigen,
Der Bilder malte wie auch haute
Und deshalb sehr auf Formen schaute;
Nur konnte er sich nicht entscheiden,
Wer hierin mehr bot von den beiden.

Vorn schien die Ältre intensiver,
Der Jüngern Reiz ging rückwärts tiefer,
Und zum beständigen Vergleichen,
Da wollte halt sein Geld nicht reichen.
So sagte er denn eines Tages:

»Ich muß euch kündigen und beklag es.
Doch daß ich einst als alter Knabe
Euch wenigstens in Marmor habe,
Bild ich euch jetzt aus diesem Stein —
Nun ja, er ist für zwei zu klein,
Doch jede war von euch die Meinige:
Gestattet, daß ich euch vereinige!«
Und siehe da, in Stein erstand
Ein Frauenbild aus Meisterhand,
Der Ältern Brust ist zart geschwungen,
Doch rückwärts zieht's uns zu der Jungen!
Du kennst das Werk, Freund und Genoss,
Als Venus — hm! — Kalipygos —
Auf Deutsch mit weniger Sprachniveau
Ganz einfach Venus Schönpopo.
Moral: Stets ist das Weib umstritten,
Das Zahlung nimmt für seine Gunst,
Es ist ein Unheil für die Sitten,
Doch eine Wohltat für die Kunst!
Nun aber zu den Nobeldamen,
Die zwar viel Geld von Bürgern nahmen,

Indes nach allen Zeitberichtern
Niemals von Denkern oder Dichtern,
Um für das Dichten oder Denken
Sich schließlich gratis zu verschenken!
Doch stand dabei stets zur Debatte,
Ob einer gut geschrieben hatte:
»Mein Freund, heut wird nur kurz geliebt,
Dieweil Ihr nur fünf Zeilen schriebt;
Menander hat weit mehr gemacht
Und kriegt dafür die ganze Nacht!«
Schrieb also einer kurze Lieder,
Dann durfte er nur hin und wieder;
Wer Stücke schrieb von Abendlänge,
Kam schon beträchtlich ins Gedränge;
Doch wer da breite Epen schrieb,
Auf dessen Bett war Hochbetrieb —
Aus diesem Grund bestaunt man sehr
Den großen Epiker Homer.
Bei diesen Damen gab's indessen
Selbst mathematische Intressen.
Wenn bei der schönen Nikorete

Die halbe Stadt um Liebe flehte,
Dann sprach sie kühl: »Was soll mir das?
Beweist mir den Pythagoras!«
Doch maltest du bei Nikoreten
Quadrate über die Katheten
Und über die Hypotenuse,
Schon ward sie schwach, schon fiel die Bluse —
Des Dreiecks Schenkel wirkten eben
Und machten auch die ihren beben.
Auch führte sie ein Denkspiel ein:
Man löste Gleichungen zu zwein,
Wobei denn er aufs Ingeniöste
Die Gleichung, sie den Gürtel löste;
So, kaum bedarfs der Unterstreichung,
Ging alles auf, nicht nur die Gleichung.
Doch führte fast zu Katastrophen
Das Liebesspiel mit Philosophen.
Zwar diese sind, das weiß der Kenner,
Gelehrte, aber arme Männer
Und halten im Gelehrtenstübchen
Sich darum nur bescheidne Liebchen;

Indes Diogenes und Schüler
Florierten als Prinzipienwühler:
Wer irgend etwas heimlich tat,
Der war für sie kein Demokrat,
Sie hielten vielmehr unerbittlich
Nur öffentliches Tun für sittlich.
Als Krates drum, der auch so dachte,
Hipparchia zur Seinen machte
(Hipparchia voll Geistesstärke
Schrieb selber sieben Standardwerke),
Befahl er ihr, auch Ehepflichten
Auf offner Straße zu verrichten.
Nun, und Hipparchia liebte Krates,
Er war ihr Mann — Hipparchia tat es.
Wie Krates hier als Ehegatte
Trieb's auch, wer nur Mätressen hatte:
Diogenes, sonst sittlich groß,
War hierin gleichfalls rigoros,
Genoß die Wonne in der Sonne
Und kroch dazu nicht in die Tonne.
Man sieht, selbst beim Philosophieren

Kann einem allerhand passieren,
Doch liegt das Akademikern
Wie Heidegger und Jaspers fern,
Es wäre selbst für Jean Paul Sartre
Und für Simone eine Marter —
Man geht seit Kierkegaard und Husserl
Auf Straßen höchstens bis zum Busserl.

Mein Freund, der du kein Husserl bist:
Selbst dies tu nur, wenn's dunkel ist!
Zu Knigges Zeiten (hier des Ersten),
Da hatte man es noch am schwersten,
Man ging mit seinem großen Schwarm
Im allerhöchsten Fall per Arm.
Heut darfst du in mehr stillen Gassen
Die Deine um die Taille fassen,
Doch dürfen deine Fingerspitzen
Sich nur auf diese Taille stützen,
Die Busenspitzen und dazu
Die vordre Mitte sind tabu.
Doch sollte deine Hand zu Zeiten

Mal auf ihr hintres Rund entgleiten,
So scheint dies zwar nicht durchaus päßlich
Jedoch als Anstandssünde läßlich;
Es weckt, so innig ihr auch seid,
Nur öffentliche Heiterkeit.
Kurz, körperlich sowohl wie psychisch
Ist heut der Anstand nicht mehr griechisch;
Erotik öffentlich zu meistern,
Das überlasse größern Geistern!

Geneigter Leser, wolle nun
Das Deine für die Liebe tun!
Schau, Mädchen für Dikterien,
Die gibt's in ganzen Serien,
Moralisch gar nicht so verächtlich,
Im Leistungsquantum höchst beträchtlich,
Nur daß du, wie du leicht begreifst,
Bei ihnen kaum erotisch reifst.
Doch die da kunst- und geistbeflissen,
Obwohl sie was verdienen müssen,
Bei ihnen wird, sehr fern von Brunst,

Der Körper Geist, die Liebe Kunst.
Denn dir ist Schillers Wort vertraut
Vom Geist, der sich den Körper baut —
Nun schau dir diese Körper an,
Ob man *den* Geist verachten kann!
Darum verehre die Hetären,
Auch wenn es nicht die jüngsten wären:
Die viel geliebt, die kann wie neu sein,
Die viel geliebt, kann einem treu sein.
Glykere etwa, lange schön,
Sehr hoch bezahlt, mit Geist obszön,
War, als sie nicht mehr ganz so neu,
Menander, dem Poeten, treu.
Als er einst spät nach Hause kam,
Bot sie ihm eine Schüssel Rahm.
Der Schlechtgelaunte lehnte knapp
Den Rahm als ungenießbar ab:
»Die Haut hier oben«, schrie er bissig,
»Ist wie die deine: alt und rissig!«
Sie lachte nur und bat zu Tisch:
»Der Rahm ist unten noch ganz frisch;

Drum laß doch einfach«, schloß die Muntre,
»Das Obre weg — und nimm das Untre!«
Wer hat das dumme Wort geschrieben,
Die Dummen wüßten gut zu lieben?
Nein, kluge Frauen gleich Glykeren,
Die mußt du schätzen und verehren,
Und kriegst du sowas — bleib dabei!
In diesem Sinn

Dein Knigge II

Geneigter Leser,

tief beklommen
Hast du als Moralist vernommen,
Wie zu Athen die Halbweltdamen
Auf die Entwicklung Einfluß nahmen.
Denn Großstadt sein kann jede Stadt,
Wenn sie genügend Bürger hat,
Doch ist es erst, genau bedacht,
Die Halbwelt, die die Weltstadt macht.
Hingegen hast du froh gelesen,
Wie sittlich man in Rom gewesen,
Dort konnten, mindestens im alten,
Sich schräge Damen gar nicht halten!
Nur leider Gotts, dies alte Rom
Ist wissenschaftlich ein Phantom;

Die Damen, die man shocking findet,
Die haben es sogar gegründet!
In Latium nämlich, wüst und leer,
Strich eine Hirtin kreuz und quer,
Die, was nach Arbeit roch, verfluchte
Und sich ihr Brot als »Wölfin« suchte —
So hießen bei den Griechen schon
Die Damen schräger Profession.
Man sah sie durch die Gegend streunen,
Durch alle Hütten, alle Scheunen,
Man sah sie dort mit allen braven
Latiner Ureinwohnern schlafen,
Sie nahm als Lohn ein Stückchen Land
Von jedem, der sie willig fand,
Sie brachte es voll Biedersinn
Bald zur Großgrundbesitzerin
Von tausend Hektar Land, na bitte,
Mit sieben Hügeln in der Mitte —
Die erste, die es fertigbrachte
Und aus zwei Hügeln sieben machte.
Hier, müd der Ambulanzgeschäfte,

Doch noch im Vollbesitz der Kräfte,
Bot sie im Eigenheim sich dar,
Ringsum genannt »Das Lupanar«
(Was sich nicht gut vermeiden ließ,
Weil »Wölfin« nämlich »Lupa« hieß)
Und nährte bald mit Mutterlust
Zwei Söhne an geübter Brust,
Die waren wirklich, jeder fand es,
Die Söhne dieses ganzen Landes.
Dank Mutters lohnendem Gewerbe
Erhielten sie's denn auch als Erbe
Und bauten Rom, die große Stadt,
Die heut noch sieben Hügel hat;
Ihr hochberühmtes Zentrum war
Und blieb fortan das Lupanar;
Die Brüder (denn das mußt du wissen,
Du hast's ja eisern lernen müssen,
Wie's jeder unter Ach und Weh muß),
Die hießen Romulus und Remus.
So las man's bei Valerius,
Der es ja schließlich wissen muß.

Jedoch dem Stolz der Enkelkinder
Schien Omamas Beruf so minder,
Daß man auf einen Ausweg kam
Und »Wölfin« einfach wörtlich nahm:
Sie ward zum Säuge-Tier im Märchen
Vom ausgesetzten Brüderpärchen,
Aus Stein und bald aus Überzeugung
Sah man die Wölfin bei der Säugung,
Ein stolzeres Symbol und auch
Erleichternd für den Schulgebrauch:
Die Brustpartie von Muttertieren
Kann man als Knabe schon studieren;
Die Brustpartie des Menschenweibes
Bleibt Anlaß spätren Zeitvertreibes.
Indes, der Trick mit Tiersymbolen
Ließ sich nicht immer wiederholen.
Als nämlich Rom schon größer war,
Zog Flora in das Lupanar.
Auch sie nahm den Beruf sehr wichtig,
Sie lag ihm ob und lag so richtig,
Daß sie, die sich dabei gern sonnte,

FLORA

Sich eine Wiese leisten konnte,
Die sie mit Blumen reich bestückte,
Und wo sie pflanzte, goß und pflückte.
Sie starb sehr sanft und hinterließ
Dem Staat dies Blumenparadies.
(Als einzige Wölfin in ganz Rom
War Flora freilich autonom,
Denn sie betreute, rechnen Kenner,
Rund 23 000 Männer.)

Auch diese Wölfin augenscheinlich
War aber dem Senate peinlich,
Und setzte man die erste munter
Zum Tier herab und einen runter,
So ward die schöne Flora jetzt
Als Göttin einen raufgesetzt,
Indem man ihres Hobbys dachte
Und sie zur Blumengöttin machte,
Zum holden Sinnbild keuscher Bräute —
Und Flora, nun, floriert noch heute.
Bei allen Wölfinnen indessen

Ward niemals Floras Tag vergessen:
Sie bildeten den Hauptgenuß
Beim Fest im Zirkus Maximus,
Denn immer pflegt's ein Fest zu würzen,
Wenn Damen aus Maxime zirzen.
Sie tanzten vor des Volkes Menge
Und fanden bald das Kleid zu enge,
So daß sie Stück um Stück bei süßen
Musikakkorden fallen ließen,
Sie tanzten so bei Fackellichte
Den ersten Strip-tease der Geschichte.
Und war erreicht das Ziel der Blöße,
Dann schmetterten Trompetenstöße,
Und fröhlich ging beim dritten Stoß
Das Mannsvolk auf die Damen los,
Die heut die Göttin Flora ehrten
Und Teuerstes umsonst gewährten.
(Jetzt streicht man meist die letzte Szene,
Weil schmetternde Trompetentöne
Uns heut kaum noch die Sinne schärfen,
Im Gegenteile: sie entnerven.)

Als Cato, zwar sehr streng von Sitten,
Jedoch als Zensor wohlgelitten,
Den Zirkus einmal selbst betreten,
Kam's nicht zum Einsatz der Trompeten;
Doch Cato blickte voller Huld
Auf seines Volkes Ungeduld
Und ging bedeckten Augs hinaus,
Umbraust von jubelndem Applaus —
Dann holte mit gewaltgem Krach
Man den Trompeteneinsatz nach.
(Der Vorfall scheint mir beispielhaft
Auch für die heutge Zensorschaft:
Hier hat ein Zensor von Verstand
Die Grenzen der Zensur erkannt.)

Auch außerhalb des Florafestes
Tat jede Wölfin stets ihr Bestes
Zur Ehrung jener Vielgeliebten,
Die den Beruf als erste übten:
Die Damen in den Lupanaren,
So blumenliebend wie erfahren,

Bestreuten stets das Bett mit Rosen,
Um so bei leichtern Angstpsychosen
Die Herrn durch Düfte anzuspornen,
In schweren Fällen mehr durch Dornen;
Die Damen, die vor allen Dingen
Am ambulanten Handel hingen,
Verschönten oft die Ambulanz

Durch ihrer Sänfte Eleganz,
Die, weil getragen von acht Sklaven,
Stabil war auch für's Zweisamschlafen:
Die Dame hob den Vorhang ... blickte ...
Der Kunde hob die Augen ... nickte ...
Die Dame rief: »Die Sänfte nieder!« ...
Der Herr stieg ein ... sie hob sich wieder ...
»Im Gleichschritt marsch!« ... der Vorhang fiel,
Und dank gekonntem Kräftespiel
Durch leichtes Schwanken mild erregend
Schwebt sanft die Sänfte durch die Gegend,
Die so, obwohl ein Lupanar,
In jedem Sinne tragbar war;
Die Damen schließlich, die das Lieben
Im Freien und zu Fuß betrieben,
Die heulten den gesuchten Mann
Wie eine Wölfin winselnd an,
Was dieser äußerst reizvoll fand,
So daß er selten widerstand —
Da klingt doch heute sehr viel feiner
Das schlichte: »Na, wie wär's denn, Kleiner?«

Dank Kundendienst und Leistungsgüte
Kam der Beruf zu höchster Blüte.
Die Polizei, Chef wie Polyp,
Erlaubte ständigen Betrieb
Und pflegte ihn zu untersagen
Nur an besonders heißen Tagen —
Man war halt hygienisch gründlich
Und selbst ästhetisch recht empfindlich.
Die Ärzte kamen auch entgegen:
In Fällen von verdorbnen Mägen,
Verstopfung und Melancholie
Empfahlen und verschrieben sie
Den Umgang mit gewissen Damen,
Wobei sie alles wichtig nahmen:
Ob lang, ob oft, ob sanft, ob heftig,
Denn der war schwach und jener kräftig —
Und das für Kunden jeder Klasse,
Privatpatient wie Krankenkasse!
So diente sie denn allen Ständen,
Die Kunst der vielgewandten Lenden,
Und ward von jedermann erbeten,

Von Sklaven wie von Majestäten,
Bis eine solche Vielgewandte,
Die man als Domitilla kannte,
Sich einen Kunden hörig machte,
Der's schließlich bis zum Kaiser brachte,
Worauf sie, was ihn sehr entzückte,
Ihn prompt mit einem Sohn beglückte.
Und dieses Mal lag alles drin:
Man krönte sie zur Kaiserin
Und ihren Sohn zum Kaiser Titus —
Wie sinnreich ist ein Krönungsritus,
Bei dem man eine Dame krönte,
Die einst halb Rom die Nacht verschönte!
So übertraf sie denn zum Schluß
Die Mutter selbst des Romulus.

Geneigter Leser, Blitzkarrieren
Wie diese können dich belehren,
Wie man sich auf der Lagerstatt
Erfolgreich zu benehmen hat.
Die Wölfin tat, was jede sollte:

Sie kriegte raus, was jeder wollte,
Sogar wenn jeder gar nicht wußte,
Was er denn wollte — oder mußte.
So such auch du in allen Fällen

Stets nach dem Individuellen!
Bei Goethe und bei dir nicht minder
War höchstes Glück der Erdenkinder
Auch bei dem holden Spiel zu zweit
Noch immer die Persönlichkeit.

Doch gab's auch manchen, wie gewöhnlich,
Der wurde nun gleich *zu* persönlich:
Den trieb's, um seiner Not zu helfen,
Statt zu der Wölfin zu den Wölfen —
Will sagen zu sehr schönen Knaben,
Die sich jedoch als Mädchen gaben,
Und die zum Schmerz der echten Damen
Dafür noch viel mehr Geld bekamen,
War man auf sie doch angewiesen:
Wer *so* war, durfte nur mit diesen.
Denn wenn ein freier Mann begann,
Zu einem andern freien Mann
Zu lieb zu sein und zu gesellig,
Gleich war die Todesstrafe fällig,
Indes der Richter ihn verschonte,

Wofern er Herren bar entlohnte,
Die in der Branche schon seit Jahren
Und hauptberuflich tätig waren —
Das zählte zu den Rechtsgeschäften
Mit fachlich vorgeschulten Kräften;
Kurz, dem, der vom Gesetz betroffen,
Blieb hier ein Hintertürchen offen.
Doch war auch dies nicht ohne Qualen,
Oft mußte er umsonst bezahlen,
Denn mancher Knabe trieb dabei
Erotische Zechprellerei:
Der Kunde muß, war sein Begehren,
Erst soviel Becher Weines leeren,
Wie er, der hoffnungsvolle Knabe,
In seinem Namen Lettern habe.
Der Gaukler Galba etwa goß
Aufs Wohl von Freund und Bettgenoß
27 Glas hinunter,
Doch war er dann nicht mehr sehr munter:
Er schlief, so daß er das Erstrebte
Im besten Fall im Traum erlebte.

(Wir kennen diese Zahl genau,
Denn Galbas Lustfreund hieß Thesau-
rochrysonicochrysides,
Und heißt man so, dann nützt man es:
Der Knabe blieb auf diese Weise
Stets Jungfrau und stets hoch im Preise.)
Geneigter Freund, du mußt verzeihn:
Ich kann hierin kein Fachmann sein
Und für den Umgang mit Epheben
Hier keine Anstandsregeln geben.
Auch wahrt man besser das Dekorum.
Doch will mit dir mal einer so rum,
Dann weiß ja nicht nur der Jurist,
Daß dies jetzt ganz verboten ist.
So können denn die heutgen Knaben,
Die das Geschäft begriffen haben,
Das Opfer gänzlich nach Ermessen
In Ruhe bis aufs Blut erpressen,
Drum überlege dir die Wahl
Noch hundertfünfundsiebzigmal.

Roms Damen mit den Strichtalenten
Ward's schwül bei solchen Konkurrenten,
Doch spürten sie mit noch mehr Grauen
Die Konkurrenz der Ehefrauen.
Wo war die gute alte Zeit,
Da sich die Frau dem Haus geweiht,
Korrekt und eisern monogam,
Bis Gott den Gatten zu sich nahm,
Worauf sie sich, da man sie ließ,
Als eisern polygam erwies —
Es billigten selbst ihre Söhne,
Daß sie ihr Leben so verschöne,
Drum taten Witwen damals offen,
Worauf sie heut nur heimlich hoffen.

Doch seit die meisten Ehegatten
Sich Knaben zugewendet hatten,
Um auf die ehelichen Pflichten
Teils oder gänzlich zu verzichten,
Geschah's, daß sich auch ihre Damen
Als Witwen fühlten und benahmen.

So gingen sie denn nächtelang
In Scharen auf den Männerfang
Und kleideten zu dem Behuf
Sich wie die Damen vom Beruf,
Um jeden Zweifel auszuschließen,
Wozu sie sich verwenden ließen.
Und weil ihr dunkles Römerhaar
Hierbei desgleichen störend war
(Denn Konkubinen und dergleichen
Befahl der Staat, ihr Haar zu bleichen),
Drum bleichten sie das ihre auch —
So kam das Blondhaar in Gebrauch,
Und Männer wußten wie auch Knaben:
Die da ist blond, die ist zu haben.

Dies, wohlgeneigte Leserin,
Weist auf die Gründe dafür hin,
Warum im Süden, hinterm Brenner,
Italiens hochfrequente Männer
Noch heute auf Blondinen fliegen
Und überzeugt sind, daß sie siegen.

Wenn sie der Maid aus Deutschlands Gauen
Versengend in die Augen schauen,
Vor Damen von amore reden

Aus Holland, Dänemark und Schweden
Und gradezu um Liebe winseln
Vor Ladies von den Briteninseln —
Glaub's nicht. Sie sind halt alte Römer
Und halten Blonde für bequemer,
Nach ihrer ständigen Erfahrung
Drängt blondes Haar zu rascher Paarung
Und ist im Süden leicht zu kirren —
Na Gott sei Dank, daß sie sich irren . . .
Du aber, Leser, mußt bedenken:
Ein Ehemann ist leicht zu kränken.
Betrog er auch sein Weib stets gerne
So in Antike wie Moderne,
Und ist er auch in dem Punkt träge,
An dem der Seinen so viel läge,
Ja, duldet er sogar im stillen,
Daß sie auch anderen zu Willen,
So daß er, keineswegs erregt,
Mit Grazie seine Hörner trägt,
So hat er doch fast nie geschätzt
Den Herrn, der sie ihm aufgesetzt
Und zeigt sich, sonst zu allen friedlich,

Ihm gegenüber ungemütlich.
Kannst du dir's also nicht verkneifen,
Zu deines Nächsten Weib zu greifen,
So sichre dir, vergiß das nie,
Zunächst des Nächsten Sympathie,
Der grade, wenn er sehr bequem ist,
Den Hausfreund wünscht, der ihm genehm ist.
Das nahm man auch in Rom genau,
Wo ein Poet samt junger Frau
Dereinst bei einem Mahl zu sehn war,
Das gab ein Mann, der sein Mäzen war.
Als nun nach vielen Gläsern Weins
Der trunkne Hausherr nachts um eins
Des Dichters hübsches Weibchen nahm
Und tat, was ihr durchaus bekam,
Da schlief der brave Ehemann
Prompt ein und fing zu schnarchen an.
Doch als ein anderer der Gäste
Die willige Kleine an sich preßte
Mit kühnem Griff ins volle Mieder,
Da hob der Schlafende die Lider
Und sprach mit lächelndem Gesicht:

»Mein Freund, für jeden schlaf ich nicht!«

Und weil man daraus lernen muß,
Drum fließe zum Kapitelschluß
Ein guter Rat aus meiner Feder:
Geneigter Freund, sei niemals Jeder,
Denn sonst blamierst du dich dabei!
In diesem Sinn

Dein Knigge II

Geneigte Leserin,

entschuldige!
Du weißt, wie gern ich dir sonst huldige,
Doch leider zeigen die Berichte
Der frühen christlichen Geschichte,
Daß man zwar selbst die Konkubinen,
Wofern sie fromm und reuig schienen,
Durchs Taufen wieder ehrlich machte
Und früh'rer Sünden nicht gedachte
(Drum sind sie heut noch jung sehr weltlich,
Jedoch sehr kirchlich, wenn sie ältlich) —
Daß man jedoch von dem, was Weib war,
So ziemlich alles strich, was Leib war:
Die Frauen, lehrten die Konzilien,
Sind Satans Lieblingsutensilien,
Die Lüste, die in ihnen wohnen,
Sie gleichen tausend Giftskorpionen,
Und an dem ganz geheimen Orte,
Da tragen sie die Höllenpforte!
In die hinein, so schrieb Sankt Clemens
Als Fachmann keuschen Sichbenehmens,

Darf nur zu einem Zweck der Mann:
Damit ein Kind nach draußen kann;
Sie sei im andern Fall, fand Clemens,
Nichts als ein Anlaß des Sichschämens,
Und sündig seien Ehegatten,
Die noch Genuß bei sowas hatten,
Das war für einen Mann wie Clemens
Erotisches Delirium tremens.

Indessen ach, der Mensch ist schwach!
Lies bei den Kirchenvätern nach,
Du findest dort sehr viel des Klagens
Ob schlechten christlichen Betragens.
Verschloß man auch die Katakomben
Vor Unberufnen selbst durch Plomben —
Die Neuen, die die Taufe nahmen,
Die waren nackt, sogar die Damen,
Was manchmal hier und da versteckte,
Doch heftige Begierden weckte.
Zwar lud man zu dem Glaubensfeste
Stets möglichst viel uralte Gäste,
Und wo beim Mahl ein junges Paar
Verschiedenen Geschlechtes war,
Da setzte man an solchen Tischen
Aus Vorsicht einen Greis dazwischen;
Doch ward uns aus berufnem Munde
Von manchem frühen Christen Kunde,
Der aus der Kirche, wo er weilte,
Direkt zum Lupanare eilte —
So schrieb's dem Papste voll Verdruß

Der heilige Chrysostomus.
Indes, man ward nicht müd, zu kämpfen
Und rigoros den Trieb zu dämpfen,
Und wußte denn auch in der Tat
Bald in ganz andern Fällen Rat:
Im Laufe der Jahrhunderte
Entstand das vielbewunderte
System der Fleischentziehungsstrafen
Fürs fleischliche Zusammenschlafen:
Wer einmal fleischlich sich vergessen,
Bekam zehnmal kein Fleisch zu essen;
Der, dem's zur Fastenzeit geschah,
Stand vierzig Tage fleischlos da;
Wenn's einer liebte, beizuwohnen
In Vandevelde-Positionen,
So lautete der Spruch summarisch
Schon auf drei Jahre vegetarisch:
Für die, so gleichgeschlechtlich waren,

Gab's Fleischentzug von sieben Jahren;
War einer oder eine lüstern
Nach Vätern, Müttern und Geschwistern
Und umgekehrt, bekamen diese
Für fünfzehn Jahre nur Gemüse;
Doch lebenslänglich Fleischentzug
Bekam, wer Lust zu Tieren trug,
Und überdies ward stets verbrannt
Das Tier, das er so reizend fand —
In Bern, um eines Hirten willen,
Verbrannte man nebst sieben Füllen
Und dreizehn Kühen zwanzig Pferde:
Er liebte seine ganze Herde.
Doch sind die Strafen noch so scharf —
Die Menschheit sündigt nach Bedarf.
So war zu Rom ein Haus der Sünden
Auch für den Fremdling leicht zu finden:

Man hing an jede Freudenmauer
Als Hinweis einen Vogelbauer,

In diesem, nach gestrenger Regel,
Trillierten zwei Kanarienvögel,
Und so war Rom bei jedem Wetter
Ein einzig Klingen und Geschmetter!
Keusch blieb hingegen zu Venedig
Die Landestochter, wenn sie ledig.
An stillen, seitlichen Kanälen
Gab's zwar die Häuser, die nie fehlen,
Jedoch verzierte man sie innen
Zum Schutz der Venetianerinnen
Durch den Import nur deutscher Damen,
Die auch in rauhen Mengen kamen,
Wie immer tüchtig im Betriebe —
Der liebliche Geruch der Liebe
Verband sich so mit dem Gedanken
An die Kanäle, welche stanken.
Doch wie da erst Neapel blühte,
Wo Mann wie Weib vor Lust erglühte!
Da war die Königin Johanna.
Für die war Liebe süß wie Mannah,
Wenn die im frischen grünen Gras

Am Posilipp beim Lieben saß,
Hat man mit kalten Wassergüssen
Des Leibes Hitze kühlen müssen,
Sonst wär das Gras, so steht's zu lesen,
Nach zehn Minuten Heu gewesen.
Da war der König Ferdinand,
Der es moralisch nötig fand,
Den Hoftheaterballetteusen,
Für die die Staats- und sonstigen Größen
Im Feuer der Begierde brieten,
Trikots in Rosa zu verbieten
Und zwecks Beruhigung der Massen
Trikots in Giftgrün zu verpassen.
Doch schweigen laßt mich von Florenz!
Dort sprach ein Mann von Konsequenz
Nur seinesgleichen höflich an:
»Herr, auf ein Wort — von Mann zu Mann!«
So kam es, daß man dazumal
Italienreisenden empfahl,
In Rom die Ohren zuzuhalten
(Weil dort Kanarienlieder schallten),

Die Nase aber zu Venetia
(Der Düfte wegen, man versteht's ja),
In Napoli sogar die Augen
(Weil Trikots grün zur Lust nicht taugen),
Und in Florenz — nun, wer Gefühl
Für Anstand hat, schließt dort le cul.

Doch schnell zurück zur Damenwelt,
Die dir erlaubt, was ihr gefällt,
Für die sich speziell Paris
Als wahres Paradies erwies,
Und die in Amtsfunktion sogar
Am Königshof vertreten war:
Denn, welche Sittenkatastrophe,
Ein Ehrenfräulein stand bei Hofe
Dem immer sehr vergnügten Chor
Der königlichen Dirnen vor,
Wobei sie dieses Amt versah
Als »Dame des filles de joie«,
Kurzum, das wär der deutsche Name,
Als Freudenmädchen-Ehrendame.

Es lag für ihre Tätigkeit
Sogar ein Honorar bereit:
Wenn man ein Eheweib erwischte,
Das sich unehelich vermischte,
So fiel pro Ehebruch ein Sou
Besagter Ehrendame zu —
An sich nicht viel, doch in Paris,
Wie man verstehn wird, lohnte dies.

Indes der Freudenmädchenpark,
Der störte dann Johanna d'Arc,
Als sie nach der Befreiungsschlacht
Am Königshof Besuch gemacht,
Denn hier ward's ihr mit Schrecken klar,
Daß sie die einzige Jungfrau war,
Worauf sie, heiligen Zornes Beute,
Die Damen mit dem Schwert verbleute.
Doch dieses Schwert, von Gott geschenkt,
Das sie von Sieg zu Sieg gelenkt,
Vor dem die Briten, die verruchten,
Zu Tausenden das Weite suchten —
Auf jenen Minnemädchenrücken
Zerbrach's zu Stücken.
Drum merke, Freund: die scharfen Triebe
Bekämpft man nicht durch scharfe Hiebe,
Da ist mit andern scharfen Sachen
Bei solchen Damen mehr zu machen.

Jedoch gab's für Johannas Wut
Noch einen Grund, und der war gut:

Just wegen solcher freien Sitten
War man zerstritten mit den Briten.
Herrn Ludwig, König der Franzosen,
War nämlich mal was zugestoßen.
Sein Weib, Lenore von Bordeaux,
Besaß zwar Geld und Gut en gros
Und sollte einst, nach Papas Sterben,
Bordeaux und seinen Wein ererben;
Doch weil sie diesem Land entstammt,
War sie so wein- und lustentflammt,
Daß sie die Männer täglich tauschte
Und sich an Tisch plus Bett berauschte.
Als Ludwig zog zum heiligen Lande,
Sah er sich also nicht imstande,
Sie ganz allein zurückzulassen,
Und nahm sie mit, um aufzupassen.
Doch ach, wie sorgte erst Lenörchen
Bei diesem Kreuzzug für Histörchen!
Die Dirnen, die in rauhen Scharen
Mit Ludwigs Heer gekommen waren,
Gruppierte sie zu Formationen,

Um hübsch geordnet beizuwohnen,
Und ließ vorm Zelt, wo dies geschehen,
Die königliche Fahne wehen;
Sie selbst ging auch im heiligen Land
Von Christenhand zu Christenhand,
Bis daß sie's, wenn sie's recht erwog,
Doch mehr zum Türkensultan zog:
Der liebte nämlich, ging die Kunde,
Wie Mohammed: elfmal je Stunde.
So schlich sie denn statt zur Gemeinde
Sich Nacht für Nacht zum Glaubensfeinde,
Der sich im besten Lichte zeigte,
Wenn's auch nicht zum Propheten reichte.
Als König Ludwig dies erfuhr,
Da ging's ihm wider die Natur,
Denn der sich nachts so viel erlaubt,
Schlug ihn des Tags auch noch aufs Haupt,
Und wenn's den Christen schon erregt,
Daß ihn im Feld ein Heide schlägt,
Wie störend wirkt der Glaubensfremde,
Sieht er des Christen Weib im Hemde!

Dergleichen mußte man vermeiden.
Ludwig sah's ein und ließ sich scheiden.
Oh, hätte er's doch unterlassen!
Lenörchen wußte sich zu fassen:
Sie setzte über zu den Briten,
Weil sie in Frankreich so gelitten,
Und stieg, noch immer reich und nett,
In König Heinrichs Ehebett.
Ihr höchst verständiger Gemahl,
Der pfiff auf Tugend und Skandal,
Wogegen er, schnell von Begriff,
Aufs Land Bordeaux durchaus nicht pfiff,
Das denn auch bald zu England kam,
Womit ein Krieg den Anfang nahm,
Der rund dreihundert Jahre währte,
Der Wein verzehrte, Dirnen nährte,
Für Männer gab es Blut zu saufen,
Für Jungfraun gab's den Scheiterhaufen —
Nur weil Herr Ludwig Leonoren
Verbot, wozu sie doch geboren.
Drum sitzt mal einer still und froh

Mit seinem Weibe beim Bordeaux,
Das hübsch ist und im Fall des Falles
Noch Zaster hat — der tue alles,
Daß er nicht zu empfindlich ist,
Wenn solch ein Weib mal sündlich ist,
Der sei nicht gleich total verbiestert,
Weil sie ihm eine Nacht verdüstert,
Denn mancher Tag verlief nur glatt,
Weil sie ihn so vergoldet hat ...

Inzwischen ward nach Britenart
Lenorens Tradition gewahrt.
Nie brauchten englische Soldaten
Geschulter Mädchen zu entraten:
Der Neuerwerb von Kolonien
War ohne sie nicht zu vollziehen.
Denn wenn die Briten sich auch diesen
Gern schwarz auf weiß bestät'gen ließen,
Sie duldeten um keinen Preis
Erotisches Schwarz *unter* Weiß.
Selbst Königin Victoria,

Die sowas sonst nicht gerne sah,
Entsandte Schiff um Schiff mit Damen,
Die aus den Slums von London kamen,
Nach Indiens siedend heißer Küste,
Auf daß ein Tommy, der voll Lüste,
Sich ob der englisch-blonden Kühle
Der Damen wie zu Hause fühle.
Lustzelte, die voll Mädchen waren
Von höchstens zweiundzwanzig Jahren,
So englisch-bleich wie englisch-mager,
Verschönten jedes Truppenlager,
Man hißte auch auf diesem Fleck
Allmorgendlich den Union-Jack
Und schützte so voll Pietät
Die »Damen ihrer Majestät«,
Die denn ob diesem stolzen Namen
Auch priesterlichen Schutz bekamen
(Heut' wär' das kaum im Sinn des Klerus,
Elisabeths und Pandit Nehrus).
Doch auch am Königshof verfuhren
Die Kings auf Leonorens Spuren

Nach freiem sinnlichen Ermessen
Und hielten öffentlich Mätressen;
Hingegen Mätres bei den Queens
Gab's nie. So war das (oder schien's).
Na, jedenfalls: The first King George,
Einst ziemlich forsch, dann ziemlich morsch,
Hat einst im Horoskop gelesen,
Daß er dem meistgeliebten Wesen
Nach seinem Abschied von der Erde
In Vogelform erscheinen werde.
Er glaubt' es, freute sich und starb.
Und sieh, ein Rabe kohlenfarb
Erschien zur Nacht, ein schwarzer Schreck,
Am Bett der Gräfin Kielmannsegg;
Dann flog er fort zu weitern Taten
Ins Boudoir der Gräfin Platen;
Dann pickte er ins Nachthemdbändel
Der hübschen Herzogin von Kendall
Und hielt noch fünf Minuten durch
Beim Bett der Gräfin Schulenburg.
Jedoch war er nicht pflichtvergessen

Und dachte nicht nur der Mätressen:
Man sah in dieser Nacht den Raben
Noch bei sechs blonden Edelknaben.

Geneigter Leser, wenn sich's fügt,
Daß eine dir halt nicht genügt,
So fordern Anstand und Moral:
Verteile deine Kraft neutral.
Glaub nicht, daß seelisches Geschwätze
Bei mancher anderes ersetze,
Denn legt sie auch viel Wert auf Seele,
Sie will nicht, daß das andre fehle.
Drum sei gerecht, verhalte dich
So kämpferisch und königlich,
So ohne Zaudern und Gemogel
Wie jener Königsrabenvogel,
Der zwar, weil allzu polygam,
Ein bißchen sehr ins Flattern kam,
Doch wahre Liebesweisheit übte
Und jegliche am meisten liebte.
Und nun, geneigter Leser, bitte
Ein Blick noch auf Europas Mitte,
Wo wir, die braven Deutschen, wohnen,
Vor kurzem zwar noch in vier Zonen,
Doch dauernder und allgemeiner

Und klimamäßig nur in einer,
Die die gemäßigte sich nennt
Von wegen unserm Temprament,
Weil wir erotisch nichts riskieren
Und nur politisch explodieren.
Denn da wir in der Mitte liegen
Und nur gemäßigt uns vergnügen,

So findet uns die Welt, so les' ich,
In puncto Liebe mittelmäßig.
Und eins ist wahr: Der Deutsche schätzt,
Wenn Venus ihn zum Tische setzt,
Nicht leichten Wein und wilden Most,
Nein, die gesunde Hausmannskost:
Die Brüste prall und nicht zu niedlich
Und wie zwei Knödel appetitlich,
Die Arme voll von Hand bis Nacken
Wie jene Würste, die da knacken,
Die Hinterschinken gut durchwachsen
Und rosig rund und fest die Haxen,
Das Ganze noch nicht angebraucht,
Nicht scharf gewürzt, nur leicht geraucht,
Die Temperierung nach Gefühl,
Nicht allzu hitzig, nicht zu kühl,
Das Haar so blond wie deutsches Bier —
Den Finger drauf, das nehmen wir!
So löste man bei uns die Frage,
Ob man den Mädchen schräger Lage,
Die es nach freier Liebe dränge,

Mehr Milde zeige oder Strenge,
Nicht heiß und nicht fanatisch-südlich,
Nein, höchst korrekt und fast gemütlich.
Gewiß, sehr streng war Karl der Große,
Denn Mädchen mit zu willigem Schoße,
Die er auf frischer Tat gepackt,

Die mußten, bis zum Gürtel nackt,
Ein Brettchen während vierzig Tagen
Vorm Schoß und vor der Stirne tragen,
Und auf dem Brettchen stand geschrieben,
Wie und mit wem sie es getrieben —
Indessen war doch andrerseits
Das Brettchen von gewissem Reiz,
Den Männern freierer Gesittung
Erschien es mehr als Leistungsquittung;
Was tat ein Schmusen, das obszön war,
Bei einem Busen, der so schön war!
Gewiß, sehr streng war Columbanus,
Wenn er mit eigner Hand den anus
Des Mönchs, der eine Frau verführte,
Mit zwanzig Rutenstreichen zierte —
Indessen war doch andrerseits
Die Liebe von zu großem Reiz,
Denn ach! Es kam so mancher Brave
Ein Stündlein nach der letzten Strafe
Und sprach, obwohl er sehr gelitten:
»Ich muß um weitre zwanzig bitten!«

OTTOKAR v.
GEORG v. BURGUND
HEINRICH KARLUS
PIPPINIUS d. GROSSE
ECKEHARDTINUS

Gewiß, sehr streng war die Verpflichtung
Zur prompten Ehegeldentrichtung
Der Braut an ihren Landesvater;
Der war berechtigt (und das tat er!),
Dafür, daß er, der sittlich Zarte,
Das Recht der ersten Nacht nicht wahrte,
Des Bräutchens nackte Hinterbacken
Mit Silbergroschen vollzupacken —
Wie schön, wenn sie da einiges hatte!
(Die Groschen lieferte der Gatte.)
Indessen war doch andrerseits
Die Sitte von gewissem Reiz:
Der Landesvater sah im Städtchen
Die dürftigen Hüften kleiner Mädchen,
Sah sie mit freudigen Gebärden
Zu seinem Vorteil runder werden
Und sah im Geist schon hoffnungsfroh
Der Zukunft üppigen Popo,
Der sich, dank seinen Kennerblicken,
Bewerten ließ in Silberstücken —
Wo gibt's noch heut Popoidyllen,

Die Landesväterkassen füllen?
Ach, heut gibt's nur Popoaffären,
Die Landesväterkassen leeren!

Gewiß, sehr streng war das Regime
Für Mädchen vom Vergnügungsteam,
Sie durften nur in stillen Gassen
Im Doppelsinn sich niederlassen;
Man sperrte sie in Wien sogar
Glatt ein, solange Fasching war,
Denn wenn auch bürgerliche Damen
In dieser Zeit nichts dafür nahmen,
Man stand der Konkurrenz vom Fach
Im Können doch beträchtlich nach —
Indessen hatte andrerseits
Die gelbe Karte ihren Reiz:
In Nürnberg, wo viel solche waren,
War's ihre Pflicht, in ganzen Scharen
Beim Hochzeitsfest von Fürstlichkeiten
Die Braut zur Kirche zu geleiten —
Man glaubte so, wie anzumerken,
Die Kraft des Bräutigams zu stärken;
So stand die Dame vom Berufe
Gesellschaftlich auf hoher Stufe.
In Wien, fast noch im gegenwärtigen,

Ließ sie Reklamezettel fertigen
Mit Namen, Wohnung und Tarif,
Wo, wann, wofür und wie sie schlief,
Und durfte sie bei Walzerklängen
An alle Praterbäume hängen.

Doch kam die Kundendienstgestaltung
In Flensburg erst zur Vollentfaltung:
Man schlug, war man kein Mann vom Fach,
Im amtlichen Adreßbuch nach
Und fand auch die gewünschte Stelle,
Prompt unter B, Rubrik Bordelle —
Für die Behörde beispielhaft
Und nützlich für die Bürgerschaft.

Geneigte Leserin, laß dir sagen:
Versuche nicht erst nachzuschlagen,
Du wirst das aus diversen Gründen
Heut im Adreßbuch nicht mehr finden.
Indes sei nicht so dumm und meine,
Daß Er, der göttliche, der Deine
Nur darum nicht in sowas geht,
Weil es nicht im Adreßbuch steht.
Doch schilt ihn nicht ob solcher Sachen —
Hier gibt's nur eines: Bessermachen!
Drum merkst du etwas: lächelnd schweigen
Und mehr gekonnte Liebe zeigen —

Der Liebe Kunst, der Liebe Lohn,
Das ist im Eros guter Ton.
Man liebt sich ein und liebt sich frei!
In diesem Sinn

Dein Knigge II

Geneigter Leser,

wer beschriebe
Nicht gern den Augenblick der Liebe,
Da er bereit ist, sie bereit ist,
Da beide wissen, daß es Zeit ist,
Da, weil die Technik ja kommun ist,
Nur noch zu tun ist, was zu tun ist!
Jedoch du fürchtest, und das sehr,
Den bangen Augenblick vorher.
Wie bring ich uns, ist deine Frage,
Mit Anstand in die rechte Lage?
So viel man sich auch vorgenommen,
Wie leicht kann was dazwischenkommen,
Denn vor den Liebesutensilien
Befinden sich fast stets Textilien.

Mein Freund, schon denkst du an das Märchen
Von jenem ersten Menschenpärchen,
Das stets bereit zum Liebespakt war,
Weil es noch paradiesisch nackt war;
Schon sehnst du dich nach Nacktkultur

Und fühlst dich auf der rechten Spur:
Gibt's nicht noch heute im Gelände
Dezente Wiesen oder Strände,
Zum Beispiel auf der Insel Sylt,
Wo es von Nacktheit nur so quillt
Und wo als solcher Nacktheit Lohn
Die Hemmung durch die Konfektion
Beim Spiel textilophober Brüste
Ganz automatisch schwinden müßte?
Schon fragst du nach den Schiffahrtslinien
Gen Sylt, ins deutsche Abessinien —
Oh, fahre nicht! Oh, bleibe, bleibe,
Denn so gelangst du nie zum Weibe!
Bedenke, schon die Adamiten,
Die sich auf Grund gestrenger Riten
Verschworen, alles nackt zu machen
In irdischen wie Glaubenssachen,
Berührten sich nie gegenseitig,
Ja, taten's auch nicht anderweitig
Und mußten nach St. Augustin
Sich nicht einmal darum bemühn:

Denn Nacktheit, die man ständig sieht,
Wirkt deprimierend aufs Gemüt
Und ist darum, laut Augustinus,
Erotisch unbedingt ein Minus.
Willst du es nacktkultürlich treiben,
Wenn so selbst Kirchenväter schreiben?

Doch ist noch andres zu bedenken:
Am nackten Weib kann manches kränken.
Du hast zum Beispiel Sommersprossen
An mancher Maid direkt genossen,
Rings um das Näschen sind sie süß
Und hinterm Öhrchen mehr als dies;
Doch glaubst du, daß dich's auch erquickt,
Wenn man sie überall erblickt,
Weil sie die ganze Maid besprenkeln
Samt Busen, Hüften, Schoß und Schenkeln?
Und dann: die wirklich schönen Frauen
Sind nur in Filmen nackt zu schauen,
Beim Striptease und privaterweise —
Sie kennen nämlich ihre Preise.

Doch gratis sieht man meist nur Busen,
Vor denen schütteln sich die Musen.
Wohltätig ist des Busens Macht,
Wofern er durch Textil bewacht,
Doch furchtbar wird des Busens Kraft,
Wenn er der Fessel sich entrafft
Und kühn heraustritt auf die Flur,
Ein freies Machwerk der Natur,
Ein Gebild, von Menschenhand
Praktisch nicht mehr zu umfassen —
Wehe, wenn er losgelassen,
Wächst er ohne Widerstand!
Soviel vom Busen. Laß mich schweigen
Von Dingen, die sich rückwärts zeigen!
Zwei Wochen nur in diesem Stil,
Und du hast Heimweh nach Textil.
(Und triffst du etwa doch auf Sylt
Ein wahrhaft süßes Mädchenbild,
Dann wirst du ihr verschämt gestehen:
»Sie möcht ich mal in Kleidern sehen!«
Und sie wird hold errötend flüstern:

»Ach bitte, sein Sie nicht so lüstern!«)

Doch sonst steht fest: für diesen Sport
Ist Nacktkultur ein falsches Wort.
Hier wird nur Nackt*natur* betrieben,
Denn Nackt*kultur* gibt's nur beim Lieben!
Kulturhistorisch gilt als Fakt:
Die Primitiven waren nackt.
Das führt uns zu dem Umkehrschluß,
Daß Nacktheit primitiv sein muß,
Und wo sie sich in Massen zeigt,
Stutzt selbst die Liebe und entweicht.
Seit man dies einzusehn begann,
Zieht man sich an.
Nun, daß die Frauen seither Männer
Durch Anziehn anziehn, weiß der Kenner,
Jedoch dein Einwand scheint gewichtig:
Wie sich anziehn, ist's nicht richtig.
Nimm an, das macht die Sache klarer,
Du rast als guter Autofahrer
Zum Ziel mit voller Motorkraft

Und hast es um ein Haar geschafft —
Da schreckst du aus den Tempoträumen:
Ein Hindernis ist wegzuräumen,
Es sperrt die schöne Einbahnstraße
Und stört dich in besonderm Maße,
Weil auch ein Motor, der gut läuft,
Bei falscher Reaktion versäuft —
Wenn das die Mode doch begriffe
Und auf die Hindernisse pfiffe!
Da hatten es die alten Römer
Mit ihrer Römerin bequemer.
Sie trug nur wallende Gewänder
Ganz ohne Knöpfe, Schnüre, Bänder,
Die schon beim ersten Lustgedanken
Durch einen Griff zu Boden sanken,
So daß sie aus dem Kleid erblühte
Wie aus dem Meere Aphrodite.
Nach weitern fünfzehnhundert Jahren
Gelang's französischen Vikaren,
Aus sittlich durchaus saubern Gründen
Die Damenhemden zu erfinden —

Der Kleiderstoff war damals dünnlich,
Und was man durchsah, machte sinnlich.
Doch durften damals nur Marquisen
Je eines Hemdes Schutz genießen,
Und nur die Königin hatte zwei,
Damit das Wechseln möglich sei —
Ja, bei Maria von Anjou,
Da ging's halt sehr verschwenderisch zu!
Indessen blieb der Reiz des Hemdes
Auch für die Bürgersfrau nichts Fremdes,
Indem es sich zwar so gehörte,
Doch bei der Liebe selbst nicht störte.
Um Sechzehnhundert ward's noch strenger,
Der Weg zum Ziel ward nochmals länger:
Daß man's noch sicherer verstecke,
Erfand man jetzt die Unterröcke.
Doch man vergaß, daß es recht vielen
Vergnügen macht, Versteck zu spielen;
So trug man bald und höchst durchtrieben
Statt eines Unterröckchens sieben.
Für jeden, der gewohnt zu lauschen,

Fing nun die Liebe an zu rauschen,
Und was als Hindernis gedacht,
Erhöhte noch den Reiz der Nacht:
Ein Casanova nahm die Dame
Blitzschnell und als Momentaufnahme,
In einem Nu schlug er die Bresche
Durch Reifrock und durch Unterwäsche
Und hatte meistens in Sekunden,
Wie er erzählt, ins Ziel gefunden.
Selbst der Bewundrer Casanovas
Fragt hier verdutzt: Wo gibt's denn sowas?
Doch hier war Casanova ehrlich,
Sein Tempo war durchaus erklärlich:
Zwar gab es steife Unterröckchen
Für liebesreife Unterstöckchen,
Doch schutzlos blieben alle Schößchen:
Die Dame trug noch keine Höschen!
So zeigt uns die Kulturgeschichte
Die Sache in ganz andrem Lichte.
Leicht hatte es der Kavalier
Vom Altertum bis zum Empire:

Einfach war die Liebesfeier,
Schiller sagt's uns frank und frei,
Mit dem Gürtel, mit dem Schleier
Riß der schöne Wahn entzwei,
Aber seit dem Biedermeier
War zu viel Textil dabei.
Goethe, der beim Liebeshandel
Stets nach Gründlichkeit gestrebt,
Hat den jähen Modewandel
Leise schaudernd miterlebt:
Frau von Stein war ohne Frage
Hierin noch ganz Rokoko,
Doch ganz anders war die Lage
Bei der kleinen Levetzow,
Und wer weiß, was ihm das zarte
Kind durch seinen Korb ersparte.
Denn damals war das Kleidungsstück
Enttäuschend für den Forscherblick:
Das Ungetüm, stets aus Flanell,
Meist rot, oft grün, doch immer grell
Und weder praktisch noch ästhetisch,

Verschloß hermetisch, was nicht ethisch,
So daß nur legitime Gatten
Den Mut zu solchem Anblick hatten —
Zur außerehelichen Sünde
Verlockte es nur Farbenblinde.
Und nun, mein Freund, laß uns betrachten,
Was unsre Damen daraus machten!
Sie schritten mit vergnügten Sinnen
Vom Buntflanell zum weißen Linnen,
Von da, erotisch immer fleißig,
Zu Seide, Nylon und was weiß ich;
Daß uns die Farbe nicht mehr martere,
Ward nun das Zartere das Apartere;
Daß uns die Länge nicht bestürze,
Liegt nun die Würze in der Kürze;
Daß uns nicht viel zu nesteln blieb,
Herrscht nun der Slip mit Gleitprinzip:
Hauchdünn, flaumleicht, in Handbreitgröße
Deckt er ein Mindestmaß an Blöße
Und ist auch von nicht Farbenblinden,
Falls ausgezogen, kaum zu finden.

(Drum lob ich die Pariser Sitten
Zur Zeit Napoleons des Dritten:
Als der Minister de la Tour
Mit einer Tänzerin Droschke fuhr,
Ließ sie solch zartes Kleidungsstück
Versehentlich darin zurück.
Der Kutscher hat's noch in der Nacht
Korrekt zur Polizei gebracht,

Die schlug nur nach im Hofregister
Und übergab's dann dem Minister:
Das süße bißchen Seide trug
In Goldstich seinen Namenszug.
Ob er, der so pariserisch
Und überlegt genießerisch,
Bei uns, im Bonner Kabinette,
Nicht manche Schwierigkeiten hätte?)

Moral für lustbeflissne Herren:
Dessous sind keine Straßensperren.
Sie werden nicht mit Muskelkraft
Zwecks schneller Durchfahrt fortgeschafft;
Sie weichen, wenn man ihnen schmeichelt,
Und sind dann bald hinweggestreichelt,
Denn zum so sehr erwünschten Ende
Führt stets die Höflichkeit der Hände.

Hingegen ist oft fehl am Orte
Die leere Höflichkeit der Worte;
Die sonst bewährte Konvention

Gibt hier zumeist den falschen Ton.
Sprichst du zum Gatten, der dich just
Erwischt an seines Weibes Brust:
»Entschuldigen Sie die Ehestörung!«,
Weckt diese Floskel meist Empörung;
Denn Liebe, was nicht zu bestreiten,
Liebt die gewagten Höflichkeiten,
Und dazu, mancher Scherz beweist es,
Bedarf's der Höflichkeit des Geistes.
(Es sprach Frau Gabriele d'Estrées,
Die schönste der Mätressen,
Zu Bassompierre, der schon seit je
Auf Schmeichelei versessen:
»Ich stünde gern, mon cher cousin,
Mit einem Fuß in St. Germain
Und, wenn sich das nur machen ließ,
Mit meinem andern in Paris!«
Galant verneigt sich Bassompierre:
»Dann hab ich eine Bitte:
Versetzt mich diesfalls nach Nanterre —
Denn das liegt in der Mitte!«)

Doch war Esprit zu jeder Zeit
Beim Lieben eine Seltenheit:
Der Geist, den Theologen nach,
Ist willig, und das Fleisch ist schwach;
Doch in der Liebe ist zumeist
Willig das Fleisch — und schwach der Geist.

Indes, noch in drei andern Sparten
Rentiert sich's, wenn ihr höflich seid:
Die Kunst, beim Lieben abzuwarten,
Ist auch ein Teil der Höflichkeit.
Zwar schnell einander beizuwohnen,
Ist sehr modern und kann sich lohnen,
Doch schwieriger ist meist für zwei
Das bloße Wohnen ohne bei,
Und wahrhaft schrecklich auf den Leim geht,
Wer allzu früh ins eigne Heim geht.
Hier zeigt dein Schatz, das sanfte Ding,
Auf einmal seine Schärfen;
Das Weib, das dir zu Herzen ging,
Hier geht's dir auf die Nerven;

Die Ehe, wenn man's recht besieht,
Ist ein Vexier-Expander:
Was allzu schnell zusammenzieht,
Geht wieder auseinander,
Weshalb der wahrhaft Weise spricht:
Wohnet bei, doch wohnet nicht!
Der Hausfreund, wie noch zu berichten,
Hat ebenfalls ganz eigne Pflichten.

Zwar fordert man von diesem Gaste,
Daß er den Ehemann entlaste,
Doch haßt man ihn mit viel Begründung,
Führt die Entlastung zur Entbindung —
Beim liberalsten Mann gibt's Sachen,
Die will man schließlich selber machen!
So lauscht man denn des Hausfreunds Stimme
Zum Teil voll tiefer Dankbarkeit,
Zum Teil in ahnungsvollem Grimme,
Wie wenn im Lenz der Kuckuck schreit:
Den Kuckuck liebt man mit Bedacht,
Weil er so reizend »Kuckuck« macht,
Doch man begrüßt mit Wehgeschrei
Im eignen Nest das Kuckucksei.
Was ausschlüpft, schlüpft nicht ganz in Ehren
Und ist auch schwierig zu ernähren,
So daß man (nur für jeden Fall!)
Sein Geld sowohl beim Kuckucksschall
Wie bei des Hausfreunds Stimme schüttelt,
Besonders wenn man schwach bemittelt.
Darum als Hausfreund mit Kultur

Halt dich in Zaum und tue nur
Als halber Kuckuck deine Pflicht:
Mach Kuckuck, aber lege nicht!
(Hier zeigte sehr viel Contenance
Sire Henri deux, roi de France.
Der suchte einst im Negligée
Dianen auf von Poitiers —
Doch lag bei ihr, es wurde packend,
Marschall Brissac, und der war nackend;
Er zog im letzten Augenblick
Sich eilig unters Bett zurück.
Der König wünschte guten Abend,
Anscheinend nichts gesehen habend,
Und wirklich ward der Abend gut;
Als er sich danach ausgeruht,
Nahm er Dianens Nußkonfekt,
Um dann, nachdem es ihm geschmeckt,
Die Hälfte unters Bett zu geben:
»Da, Brissac. Jeder möchte leben.«)

Und endlich Anstandsregel sechs:

Bekämpfe den Après-Komplex!
Post coitum, so steht's zu lesen,
Sei triste jedes Lebewesen.
Ovid, der diesen Satz geschrieben,
Verstand zwar technisch viel vom Lieben,
Doch müßte er sich wohl bequemen,
Gewisse Leute auszunehmen.
Durchaus nicht alle — aber du,
Geneigter Leser, zählst dazu
Und, wenn ich recht im Bilde bin,
Auch du, geneigte Leserin.
Hat, wer mit dir der Liebe pflegt,
Zum Leibe auch das Herz gelegt,
Dann wirst du leicht und froh erwachen,
Beherzte Liebe weiß zu lachen —
Post coitum ist man nur trübe,
Wenn man geliebt hat ohne Liebe.
Drum soll man's wie die Griechen halten —
Diesmal die neuen, nicht die alten.
Wenn dort im Fischerdorf am Strand
Der Liebste sich zur Liebsten fand

Und nun, vom jungen Tag geleitet,
Das Mädchen hin zum Brunnen schreitet,
Dann singt sie, falls die Nacht geriet,
Nach altem Brauch ein Jubellied.
Das ganze Dorf lauscht dann verstohlen:

Wie oft wird sie es wiederholen? —
Denn von Dacapos der Musik
Schließt man auf andere zurück.
Und legt des Dorfes Männerschar,
Die lange Zeit auf Fischfang war,
Im Hafen an und geht von Bord,
Singt anderntags der ganze Ort,
So jubelnd hell, so sinnlich weich,
Und ach! so wiederholungsreich!
So wird schon tausend Jahr gesungen,
Und niemals gab's Beanstandungen —
Drum merkt euch diesen Satz fürs Leben,
Er gilt für jeden, der da liebt:
Anstände wird es niemals geben,
Wo's Anstand gibt.

Und da ich nun am Ende bin,
Wünsch ich, nebst andern schönen Sachen,
Dem Leser und der Leserin
Ein allzeit fröhliches Erwachen.
Ich hoffe sehr, ihr singt dabei!
In diesem Sinne

Knigge II